まんがでわかる
99%の人がしていない
たった1%の仕事のコツ
著 河野英太郎
作画 松浦まどか
Discover
ディスカヴァー

はじめに

どこにでもある風景

風景1：上司と部下の会話
部下：「部長、今、少しよろしいですか？」
上司：「ごめん今ちょっとバタバタしていて……あとで来てもらえる？」
部下：「あ、はい……」
1時間後
部下：「部長……え？　外出？　ですか……いつ戻られます？」
秘書：「本日直帰され、明朝から1週間欧州に出張でそのまま休暇に入られますが……ご用件は？　代行は承っています。」
部下：「2分で終わるのですが、どうしてもご本人と対面で話したいのです。」
秘書：「では、2週間後に。」

風景2：会議
延々と続く会議。20人を超える参加者がいるにもかかわらず、喋っているのはたった1人。時折「シーン」と沈黙が走りますが、やはりまた話し始めるのは同じ人物。どうやらこの人物がこの会議の「最上位者」のようです。なんと、1時間の予定の会議が既に1時間半を過ぎています。「最上位者」に見つからないようにチラチラと腕時計に目をやる人も。持ち込んだパソコンでメモをとるフリをしながら、別の資料作りをする人もいます。

2時間たって、やっと会議が終わりました。参加者の頭から出ている、見えない「噴出し」の中には全員「何が決まったんだろ?」「長かったー」「誰かあいつを止めてくれー」というせりふが。驚いたことに当の「最上位者」の「噴出し」も「あいつ」が「俺」に代わっただけの同じせりふが見えています。

「誰か、俺をとめてくれ……なんで誰も何も発言しないんだ……」

日本人は「まじめ」な国民!?

日本の組織で働く人は大なり小なりよく似たシーンを目にしていると思います。これっていろんな人のいろんな機会を奪っていますよね。時間、コスト、他の仕事をしたり、品質をあげたりする機会などなど。非常にもったいない。

この「もったいない」状態はなぜ起きるのでしょうか?

私は、**日本の伝統的美徳でもある、礼儀や丁寧さ、感情面への厚い配慮などが裏目に出てしまっている**ためだと考えています。

前述の風景1では、忙しそうに見える部長を気遣った「今よろしいですか」というひとことから始めたため2週間を棒に振っています。風景2では、議論を進めたいから何か言ってほしいと思っている「最上位者」になぜか他の20人が遠慮して発言を控えてしまい、20人分の2時間が無駄になっています。

これらは、シンプルに言うと、悪い意味で「まじめ」過ぎるのです。実は、あやまったまじめさは仕事の出来、不出来に関わってきます。

もちろん不真面目なだけではいけませんが、まじめすぎても同じように仕事ができなくなってしまうということです。仕事ができる人になるには、これまでの考え方に少しだけ工夫を加えて、仕事の進め方を変える必要があります。

ある人が**「『まじめ』と『みじめ』は、一字の違い」**という印象的な表現をしていました。これは「まじめ」であることを揶揄しているのではなく、履き違えた「まじめさ」はその人の誠実な本意に反して「みじめ」な結果をもたらすことを強烈に表しています。

今、この瞬間から誰でも実践できることがある

この本では、主人公の3年目社員白石一美が、憧れの先輩であり、メンター(師匠)でもある山本理恵から仕事のコツを学んでいきます。

一美は典型的な「まじめ」な「努力家」社員。でもなぜか、仕事がうまくいかず、行き詰まっています。

全く同じ状況ではないにしても、頑張っているのになぜかうまくいかない、という経験はありませんか？

なんとかしなければいけないのはわかっているのに、どうしていいかわからない。努力は人を裏切らない、とよく言われるけれど、それは本当なのだろうか……？

みなさんの日常とそう遠くない状況の中で、一美は苦労しながらも周りから助けられて、**様々な仕事の進め方のコツに気付き、正しい努力を通じて成長**して行きます。この一美の成長を通じて、皆さんが日常的にやっているメンバーとのコミュニケーションや、会議運営、チームワークなどのシーンで**少しだけ工夫をくわえる**ことで、すぐに成果の出るコツのエッセンスを代理体験し、無理なく身につけることができます。

ここで扱うコツは、特別な才能や血のにじむような訓練が必要なものではありません。ちょっとした気付きを着実に実践さえすれば必ずだれでも、すぐに成果を出せるものばかりです。

この本を読んだらすぐに、ここに書いてあるヒントを実行してみてください。**突然、飛躍的に仕事がうまくいく**ようになっていることに気づくはずです。

目次

第2章 コミュニケーションのコツ

第3章 チームワークのコツ

第4章 会議のコツ

◎本書について

この本では、入社三年目の社員、「白石一美」が数多くの「仕事のコツ」を使いこなす同僚から、学び、成長していきます。みなさんもストーリーを楽しみながら、ぜひ「誰でも簡単にできる、99%の人がしていない、たった1%の仕事のコツ」を身につけてください！

◎「コツマーク」について

本書は一美の成長ストーリーをまんがで読める「Story」と、そこで登場したコツをより深く説明する「まとめ」の2本立てとなっています。
まんがページでは、実際に仕事のコツが使われているシーンにコツマークをインデックスとして配置してあります。
どんな場面で使えるコツなのか、読んでいる途中でより知りたくなれば、該当するページを読んでみたり、逆に、まとめを読んでいて、もう一度読みたい！　と思う箇所があればまとめページから戻って読み返してみたり……。自由に使って、コツをマスターしていきましょう！

コツマーク

コツ
05
P000

←次のページから物語がスタート！

プロローグ
マルタニ製菓
なんで
もっと早く
報告しないんだ!!
第二営業部 白石一美（25）
こんなに
なってからじゃ、
手の打ちようが
ないだろうが!
ドン
第二営業部 谷原部長（50）
申し訳
ありません…
同じようなミスばかり
全く
ガミ
ガミ
すみません…
ペニ
ペニ
コラ
コラ

私…
なにしてんだろう？
キィ
もう入社
3年目なのに
失敗ばかりで
部長やみんなに
迷惑ばかり
かけてる…

この仕事…
向いてないんだ…
ポン
どうしたの？
そんなに
落ち込んで
商品開発部 山本理恵（29）
理恵先輩…
私、また…
ぶじゃっ
アラマラ

…なるほどね
ところで、あなたは何のためにこの会社に入ったの？
エッ？
会社に入った
理由ですか…
自分が手がけた商品で誰かが笑ってくれる、
喜んでくれるのを見たいからです

素敵な目標じゃない
私、お菓子が大好きで…
落ち込んでるときでも好きなお菓子を食べるとすぐに立ち直れるんです
必勝
もうひとがんばりするか…！
あと一社まわろう！
単純ですよね
そんなことないわ。おいしいお菓子にはそういう力がある
それで、
自分の理想のお菓子を考案して
広めるのが夢なんです
食べるとみんなが笑顔になれるようなお菓子を
素晴らしいわ！

全く
きみは
いつまでたっても

で、でもそんな
仕事ができる日が
来るとは
とても…
しゅう〜
あきらめちゃダメ

目標達成のためには、
自ら限界を
作ってはいけないわ
コツ
01
P046

限界？
私が作ってる
んですか？

そう、

『何かにチャレンジしたい』『こうなりたい』と思ったとき、
『現実には無理だろうな』『自分には高望みだ』とあきらめてしまうこと、
これが自ら限界を作ることよ
確かに私…そう思っていたかもしれません
自分だけじゃないわ。他人からも『そんなの無理だよ』『失敗するよ』とネガティヴなダメ出しをされてあきらめてしまうことも多いのよ
確かに…
キラン
フッ
こういった自分へのダメ出しは私は気にしないようにしてるの
特に嫉妬や上から目線のものは
まぶしい
ええ、でも私が仕事ができないのは事実ですから
先輩とは違って…
あのね、

仕事にはコツがあるの
まじめにやりさえすればいいわけじゃない
ちょっとしたコツさえ押さえれば
みるみるうちにうまくいくようになるわ
仕事のコツ？
ええ、
そのコツがわかってる人を近くで見ていれば
あなたも自分に限界がないことがわかるわ
限界がない⁉
私でもまだ…
コツさえつかめばどうにかなる⁉
いつかちゃんと仕事ができるように…
ぐっ

なりたい！
私でもできますか？
もちろん！

どう？仕事のコツを聞きたい？
はい、聞きたいです！
なら教えてあげるけど…
そのかわり私のプロジェクトを少し手伝ってね
はい！
マルタニ製菓

第1章

報連相（ほうれんそう）のコツ

ところで
理恵先輩の
プロジェクトって
何ですか？
今度、新しい
スナック菓子を
発売することは
知ってるわよね
ズッ
Sample
食べてみて
パッ
おいしい♡
これって
ボンゴレ味
ですよね？
アサリの
おいしさが
ギュッと
詰まってる
パリッ

マルタニの
ポテポテト
ボンゴレ味
今秋、発売予定のポテトチップス『ボンゴレ味』よ
売れますよ絶対！
販促の一環として秋の『お菓子博』にこれを出品するの
ズイ
えっ…
お菓子博
お菓子博ですか!?
すごいですね！
私、そのお手伝いができるんですか!?
ええ、私が責任者となってすべて任されることになったのよ
ええ、でもその前にいろいろな仕事のコツを学んでもらわないと

わかりました！
がんばります！
悠斗くん！
理恵さん
第二営業部 長崎悠斗（25）

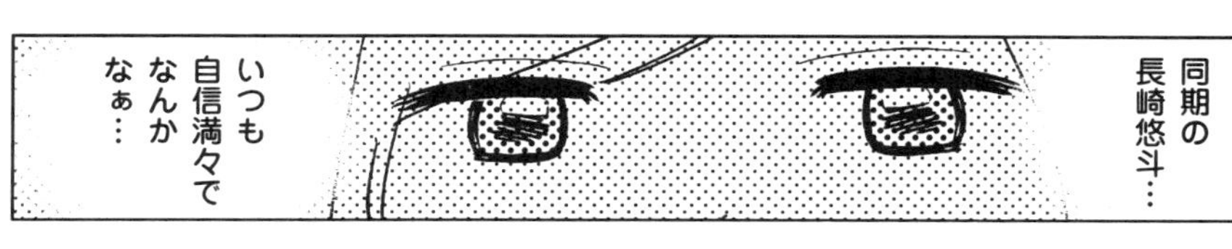
同期の
長崎悠斗…
いつも
自信満々で
なんか
なぁ…

悠斗君、
お願いがあるの
一美さんに
報告・連絡・相談の
コツを
教えてほしいの

いいですよ
理恵さんの
頼みじゃ、嫌とは
言えませんから
あれえ!?
先輩が教えて
くれるんじゃ
ないんですか？

私が全部教えるとは言ってないわ
それに悠斗君は見かけと違ってホウレンソウのテクニックはなかなかのものよ
見かけと違ってはひどいなぁ
えっ…私、長崎君に教わるの⁉
そんなのカッコわるい！
同期に教わるってさすがにそれは…
スッ
くだらないプライドなんか捨てなさい
限界を超えたいんでしょ
は…
はい

じゃ、よろしくね
ペコッ
よしっ
くるっ
まず、君の報連相(ホウレンソウ)を見せてもらいたいな
エエッ!?
そういえばさっき谷原部長が君を呼んでたけど
きっとお褒めの言葉をいただけるんじゃないかな
イヤ!!
どうだ？進捗状況は
すみません…まだ準備不足なのですが
スーパー葵へはアプローチしています
それで専務のアポイントは取れたのかね

あの…その…先週はずっと買い付けで地方を回っていたようで
じゃあ今週は？
はい、とりあえず昨日電話してみました
昼にかけていなくてまた15時と17時にかけたらいらっしゃいましてそれであの…
それでアポイントは取れたのかね
えーっと、はい買い付けとあと店舗回り
あっあと商工会との打ち合わせで…
えっと…
今週は忙しいみたいです…
取れなかったのか！
ダン
はいすみません
ですがきっと来週には…
もういい！
オレがやる全く！
ああ…
また怒らせた…
でも今回は向こうの都合だし…
今のはひどいなあ
ひどいよね、谷原部長

ひどいのはキミだよ
ええっ!?
あれじゃあホウレンソウになってない
さっきの会話を録音しといたから振り返ってみよう
ピッ
いっいつの間に!
君へのダメ出しは3つある
1つ目、
まず、君は「すみませんまだ準備不足なのですが」
と切り出している
うん
評価が得られなかったときの予防線のつもりなんだろうけど確実に逆効果だ
こんな自信のない様子じゃ、相手に信頼されないよ
心理学ではプライミング効果と呼ぶそうだけど、『効く』と言われて薬を飲んだ場合の方が
薬と知らないで飲んだ場合より効果があるという実験結果がある
頭痛に効きます!
ズキ
ズキ
ホッとだ!
スーッ
あげるー!
ズキ
ズキ
うーん
ズキ
ズキ
薬ほしい…
ビジネスも一緒だよ
最初に『自信がある』という暗示をかければ、ポジティブな反応が返ってくるんだ
私におまかせを
よし任せた
そ…そうかなぁ

自分からわざわざ逆風を作り出し、無用な労力や時間を生むような愚は冒さないでほしい
たとえ自信がなくても
自信があるように演技するんだ
P047 コツ 02
自信がなくてもあるようにする…
悠斗くんもそうなのかな…
これって大事だよ
わかった…
2つ目、
君は聞かれたことに答えてない
さっき部長が聞いてたのはこういうことだよ
おかしいのがわかるだろ？
Q 専務のアポは取れたのか否か
A 先週は買付けに行っていたようです
うん…
P048 コツ 03
YESかNO、できたかできなかったか、相手に聞かれたことをまず答えなきゃ
キッパリ
A. アポは取れてません！
えっ…で、でも

でも、ただ「できませんでした」じゃ、逆に「なんでできなかったんだ!」って怒られるんじゃ?
あれじゃ、上司をイライラさせるだけだよ
上司が聞きたいのは結論なんだ
君みたいに理由や背景から返事をしてしまう人って意外と多いけど
そんな周辺情報は上司にとって雑音でしかない
まず結論を言って、説明や言い訳はあとですればいい
はい…
3つ目、
君の報告はたどたどしい印象を受ける。これじゃ、信用されなくなる
うっ…
説明がたどたどしいと自信のない印象を与え、相手は不安になる
それで重箱の隅をつつくような質問攻めをされたり、話の内容とは無関係なあら探しをされてしまう
えーっとあのですね
しどろもどろ
あやしすぎるぞ
何か隠してるのか!?
ドキドキ
説明は流れるようにしないと
コツ 04
P049

どうやったら流れるようにできるの？
ズイ
コツは2つある
まず、
『森』→『木』→『枝葉』の順で説明すること
最初に森、つまり話の全体像を話す
相手の関心がこちらに向いたところで木、つまり話のポイントを説明する
カキ
カキ
その後で枝葉、つまり詳細な説明をするようにするんだ
さっきの会話を例にするとこんなかんじ
スーパー葵への進捗の件ですが
待ってたよ
専務へのアポイントはまだ取れてません
何だって!?
買いつけや店舗回り打ち合わせなどでおいそがしいようです
ふーむ
こう話せばよかったのね…！
これなら私にもできる気がする…！
だろ？それと事前に『開始のセリフ』と『説明と説明の間のセリフ』を決めておく
「しかし」とか「具体的に言うと」とかを決めておくだけで緊張しないで話せるものなんだ
「しかし」来週中にはアポイントを取りたいと考えてます
なるほど…

流れるように説明できるよう前もってイメージトレーニングしておくといいよ
相手の質問も想定して
うん！
カキカキ
わかったやってみる！
あとは細かいことだけど
スッ
言葉づかいにも気を付けた方がいいよ
一美ちゃんは「とりあえず」が口癖になってるようだけど
それじゃあ真剣に考えて出した結論だと思われないだろ？
「とりあえず」の代わりに「まず」って言ってみるだけで全然印象が違ってくるよ
コツ 05 P050
ニコッ
う、うんわかった
ホウレンソウは1〜3分にまとめられるようにするといいよ
そのトレーニングにはエレベーター・ブリーフィングがいい
コツ 06 P051

もともとアメリカ合衆国の大統領が、核戦争などの緊急事態になったときに、エレベーターで地下シェルターへ降りるまでの3分間をいかに有効に使うか、
という命題に対してコンサルティング企業のマッキンゼー社が回答したのが語源といわれてるんだ
3分間の使い方だけど
①主旨を伝える
②選択肢を伝える
③判断のポイントを伝える
④結論を伝える
⑤確認とアクションの確認をするという構成になる
なんだか怖い
相手は「ウン」「ウン」と聞いているだけでいい状況にするのが理想なんだ
ウン
ウン
私にもできるかな
もちろんできるさ

エレベーター・ブリーフィングは、忙しい人へのアプローチにも最適なんだ
専務
社長
一般社員
常務
取引先でも普段は会えない決定権のある人や社内でも社長のような人に話を聞いてもらえるチャンスだ
そうね、エレベーターの中じゃ逃げ出せないし
そのとおり！
シリコンバレーでIT起業家たちが投資家に自分のアイデアを聞いてもらうために偶然を装ってこの方法を多く使ったともいわれてるんだ
そうなんだ
でもフツーの社員には難しいよね
社長と話したいことなんてないしさ
俺やったことあるよ
えっ そうなの!?
1 2 3 4 5 6 7 8 9 10
チーン
すみません乗ります

社長、営業部の長崎悠斗です
社長室へ向かうまでの間、時間をください
我が社の業績アップに繋がるご提案をお伝えしたいと思います
そういう話はまず総務に…
言ってみるがいい
ありがとうございます！
まずは、若手社員たちの生の声をお聞きください
カチッ
退屈な研修よりコーヒーサーバーの方が仕事の意欲増すよね
オフィスにコーヒーサーバーがあったらサイコーだよね
オレ、喫茶店でサボるのやめて仕事しちゃうかも
コンビニで買うカフェラテ代ってバカにならないのよね
そうねぇ
1年で5～6万にもなる

こうした意見に代表されますように会社の業績アップのためにはまず
社員のモチベーションが上がる環境が必要であると私は考えます
わが社は製菓会社です
お菓子とコーヒーは共にあるべきではないかと…！
フッ
わかった
検討しよう
ありがとうございます
1 2 3 4 5 6
休憩スペースにコーヒーサーバーが置かれたのって悠斗君のおかげだったんだ
昨日もそれでカフェオレ飲んだよ
少しは見直した？
少しどころか…
じゃあ、もっと尊敬されちゃおうかな
今から俺がホウレンソウの見本を見せるからよく見てて

谷原部長、A社からコラボ案件についての返答がありました
うむ
返答から考えると選択肢は3つあります
私は、リスクが最小という理由でこの方法がいいと思います
なるほど
わかったではその方向で進めてくれ
はい、承知いたしました
すごい…
あんな穏やかな谷原部長の顔見たことない…
誰あれ？
はは
ホウレンソウの最終目的はコンプリーテッドスタッフワークだよ
コンプ…？
完成した仕事ってこと
次に進められるカタチにまで整理してホウレンソウするってことだよ
コツ
07
P052

今、俺がやったみたいに
「選択肢は、A・B・C
3つがあると思います。
私はこれこれという理由で
Aがいいと思います」
と言えば、
上司は判断
しやすいだろ？
上司の負担を
軽減できるし、
仕事もスムーズになる
それに
ホウレンソウの
基本は**早め早めに**
チェックを受ける
ってことだ
コツ
08
P053
そうすれば、問題が
こじれるのを防げるし、
いいアドバイスや情報を
上司から聞ける
かもしれない

悠斗君は部長に
信頼されてるから
できるんじゃないの？
もちろん
そうさ
でも
信頼を勝ち取る
努力をしないと
谷原部長って
苦手だな

怒られるから
報告が遅れる
報告が遅れるから
よけい怒られる
まさに負の
スパイラルだよ
特に**悪い知らせは**
極力早く報告しないと

わかる
トラブルの報告が遅れると問題がこじれて対応が難しくなるものね
どうしてこんなになるまで放っておいた
わかってるじゃないか
でも怒られるのってやっぱりイヤ
クルッ
あのね一美ちゃん

俺たちがもらってる給料には『怒られ手当』も入ってるんだよ
怒られるのも仕事
怒られるのも仕事

そんな風に考えたことなかった…！
これからは早め早めにホウレンソウしてチェックを受けるようにする
うん
わかった
仕事ができる人って早め早めに動ける人なんだ
それをするだけで一美ちゃん、
全然違うようになるよ！

先輩…
私、全然ダメです！
悠斗君は同期なのに はるか先を走ってる
バン バン
もう背中が見えないぐらい
悠斗君は悠斗君
あなたはあなた
速く走れるけど長く走れない人もいる
遅いけれど42キロ走り切れる人もいる

他人と比べないこと
これは目標を達成するために知っていなくてはならないことよ
でもやっぱり気になります
おまたせいたしました
はーい
このままじゃいつまでたってもつりあわない…！
ん？
あれ私ったら何を…

ここのイチゴタルトは最高ね
カチャ
カチャ
けど、いつまでもこれが最高とは限らない…

今は世の中の
動きはとっても
速いのよ
環境は常に変化するから
10年前にトップだった人が
今もトップでいることは
滅多にないわ
それより楽しんで
仕事をすることね
楽しみながら仕事を
してる人には、必ず
評価もついてくるから
こちら
新開発のメニューになります
おいしそう～！
じゃあそれください
ガヤ
はい…！

でも
覚えたり
やることが
いっぱいで
何から始めたら
いいのやら…

びっしり
まぁ
生真面目な
あなたの性格が
よく出てるわね
でもね
呪いの
何かかと

メモは
行動につながる
キーワードだけで
いいの
コツ
09
P054

パラ…

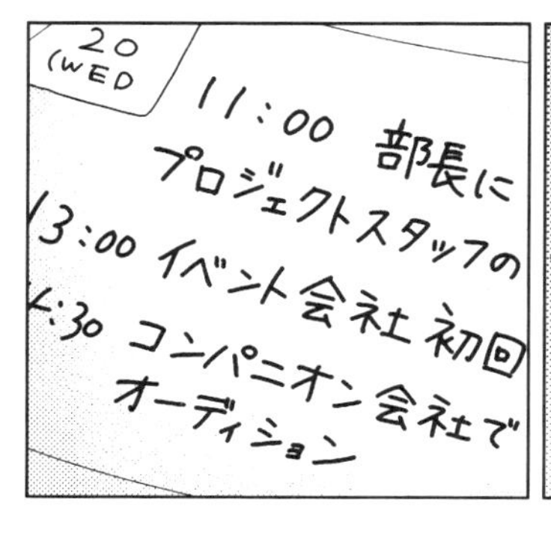
20
(WED
11:00 部長に
プロジェクトスタッフの
13:00 イベント会社 初回
:30 コンパニオン会社で
オーディション

書かれているのは
今日、行動すること
だけ…
そうよ

ところで、
お菓子博、
プレゼン次第だけど
去年より大きな
予算がつくらしいの
本当ですか!?

だから
がんばらなくちゃね！
まずは資料集めを
頼むわ
はい！

学んだコツのまとめ

コツ01
▶自ら限界をつくらない

コツ02
▶自信があるようにふるまう

コツ03
▶聞かれたことに答える

コツ04
▶流れるように説明をする

コツ05
▶「とりあえず」ではなく
「まず」と言ってみる

コツ06
▶エレベーターブリーフィングを実践する

コツ07
▶コンプリーテッドスタッフワークを
追求する

コツ08
▶早め早めのチェックを受ける

コツ09
▶メモは行動につながる
キーワードのみにする

プロローグ、第1章で

自分の夢を叶えるために、理恵のもとで
「仕事のコツ」を学ぶことになった一美。
彼女は自らのプライドを捨てて、
同期の悠斗からホウレンソウを学びました。
言葉で聞けば簡単そうだけれど、
意外とできない！　というのがホウレンソウ。
自分のモノになるように、
手に入れたコツの一つ一つを
おさらいしていきましょう。

コツ

01

自ら限界をつくらない

何かに「チャレンジしたい」「こうなりたい」という思いを持ったとき、「現実には無理だろうな」「自分にとっては高望みだ」と、あきらめてしまうことはありませんか？

あるいは他人から「そんなの無理だよ」「失敗するよ」とネガティブな「ダメ出し」を受けることであきらめてしまうこともあるでしょう。

少なくともわざわざ自分から「自分へのダメ出し」をすることはまったく意味がありません。大切なことは『こうなりたいと思うこと』です。こうなりたいと思ってもできるかどうかはわかりませんが、こうなりたいと思わない人は絶対になれないということです。

「ダメ出し」さえしなければ「チャレンジ目標」は簡単に決まります。そして、自分の目標が決まれば、それを叶えるための計画と努力がはじまります。そして、失敗や挫折を繰り返しながら、人は工夫・成長し、目標へと近づけるのです。

コツ

02

自信があるようにふるまう

一美のように、ホウレンソウをする前に「すみません、まだ準備不足なのですが」とか「うまく言えないのですが」という言い訳をしてしまうことってありませんか？

無意識にこうした枕詞を習慣として使っているのであれば、今すぐやめましょう！

これは、人間が持っている「先入観」に由来します。あえて自信満々にふるまうことで、相手の反応をポジティブなものにし、自分自身の追い風にできるのです。心理学ではこれをプライミング（Ｐｒｉｍｉｎｇ：呼び水）効果と言います。

自分からわざわざ逆風を作り出し、無用な労力・時間を生むような愚はあえて冒さない、ということです。

つまり、悠斗は自分への「先入観」を意識して、自信のある姿を見せているんですね。

☞P027

コツ

03

聞かれたことに答える

ビジネス上の会話で、一美のように理由や背景から返事をしてしまう人が多いのではないでしょうか？

こうしたケースでは、質問者が一番聞きたいこと、つまり「アポイントが取れたかどうか」を最初に答えた後、必要に応じて周辺情報を話すようにしてください。

つまり、「はい、取れました」「いいえ、取れませんでした」から答えるのです。

他にも、「何が言いたいんだ？」「どうして遅れたんだ？」といった詰問調の質問に対して、素直に回答せず「すみません」と返してしまう人も多いですが、これも火に油を注ぐことになりかねません。

どんな質問も、「聞かれたことに最初に答える」のが鉄則です。

☞P027

コツ

04

流れるように説明をする

自分が報告をすると、なぜか質問攻めに遭う……。そんな経験はありませんか？

多くの場合その原因は、あなたのそのたどたどしい説明にあります。

詰まりながらの説明は、自信のない印象を与え、相手を不安に陥れます。その不安が重箱の隅をつつくような質問に変わり、話の内容とは無関係なあら探しをさせてしまうのです。これでは目的が達成されないばかりか、あなたの信用にかかわります。

スムーズな説明には、話の順序も重要ですが、事前に「説明開始のセリフ」と「説明と説明の間のセリフ」を決めておくとよいでしょう。これは、図の森と木、木と枝葉の説明をつなぐ接続詞のことです。

こうした接続詞を事前に決めておくと、上司やクライアントの前に立ったとしても、論理展開がスムーズで、緊張せずにホウレンソウができます。

P028

コツ

05 「とりあえず」ではなく「まず」と言ってみる

☞P030

悠斗の言うとおり、言葉づかいひとつで印象はガラリと変わります。

一美のように、ホウレンソウをする中で、「じゃあ、とりあえず、この資料作っときます」と言ってしまうことはありませんか？

これを上司が聞けば、「この仕事は、『とりあえず』のやっつけ仕事？」と感じることでしょう。「とりあえず」と言いたいところを「まず」と言い換えられるようになると、「次に」という言葉も意識することができるようになるので、常に仕事のステップを意識することができるはずです。

他にも、「取り急ぎ」や「適当に」など、普段何気なく発している言葉にもつかい方に気をつけなければならないものは多くあります。ホウレンソウの中の言葉を、あなたも一度見直してみませんか？

コツ
06
エレベーターブリーフィングを実践する

P030

エレベーターホールで上司をつかまえて、降りるまでの1～3分間で承認を得たり、責任がともなう判断を仰いだりするエレベーターブリーフィング。相手は「ウン」「ウン」と頷くだけでいい状況にするのが理想です。3分間の具体的な基本構成はこんな感じ。

・主旨を伝える
・選択肢を伝える
・判断のポイントを伝える
・結論を伝える
・確認とアクションの確認をする

必要なときに必要なことをしっかり押さえ、悠斗のように、要点を押さえたホウレンソウを心がけましょう。

コツ

07

コンプリーテッドスタッフワークを追求する

☞P035

忙しい上司に負担をかけず、しかも仕事を最速で進められるホウレンソウの方法があります。悠斗が使いこなしているホウレンソウの理想形が、コンプリーテッドスタッフワーク（完成された仕事という意味）です。

具体的には、「これ、どうしましょう？」という質問の前にちょっと考えて「こうしたいと思います。理由はA、B、Cです。リスクはありますが回避できます。よろしいでしょうか？」とか「選択肢はA、B、Cですが、○○という理由でAがいいと思います」とホウレンソウする…という感じです。

こうしたちょっとしたコツを身につけられると、ホウレンソウの腕が上がると共に、自分の仕事も最速かつ、効率的に片づきます。こうした小さな積み重ねが、上司からのあなたの評価につながりますよ！

コツ

08

早め早めのチェックを受ける

☞P036

上司やクライアントによる急な方向転換や、自分で気づかない大きなミスをしてしまう前に、ホウレンソウを早め早めにすることが大切です。
具体的には自分からチェックポイントを設け、上司やクライアントとコンタクトを取り、常に認識を一つにしておくと良いでしょう。
例えばあるプロジェクトの計画書を作ってほしいと頼まれたら、計画書の目次レベルができた段階で「このような流れで大丈夫ですか?」「スケジュールは『今後検討』でよろしいですか?」などと相談しておきます。
一美のように問題が進行してしまってからホウレンソウをするのでは、深刻度が増し、手遅れになってしまいます。
仕事がデキる人というのは、早め早めに動く人なのです。

コツ

09

メモは行動につながるキーワードのみにする

P042

メモについて、ここでは特に、目標達成のためのものという視点で考えてみましょう。

学生の勉強や新入社員研修の世界では、新しい知識や情報を記憶にとどめるためにメモを取るのが、大変重要かつ有効です。しかし、仕事を進める上では、あまり知識や情報の記憶に価値はありません。相手の名前や肩書きを知るには名刺があるし、会議では議事録があります。資料はデータファイルや配布物の形で手元に残っています。

理恵のメモを見ると、そこには日付と時間、行動のみが並んでいます。仕事の情報はすべて次の行動につなげるものであるべきです。記念に書き残しておくものでもないし、万が一のための記録でもありません。したがって、目標達成のためのメモは、次の行動につながるもののみで良いのです。

第2章

コミュニケーションのコツ

…そうね
じゃあ、B案でお願いするわ
わかりました
では来週14日水曜日の午前中までに報告できるようにします
それでよろしいでしょうか
ええ、よろしくね
ニコッ
報告は以上です

じっ…
あ、あの
何か手違いでもありましたか？

感心してたのよ
短時間でよくここまで成長できたわね
今のホウレンソウは満点よ
本当ですか!?

ちゃんとコンプリーテッドスタッフワークになっていたわ
説明にも淀みがなく、堂々としていたし
ありがとうございます！
鏡の前で大分練習したんじゃない？
はい！

悠斗君に
教わったんです
ホウレンソウの
練習は鏡の前で
自分の表情を
確かめながら
するといいよって
知ってました？
彼、演劇部だったんですって
へー
ま、いいけど
ガタ
じゃあ
ホウレンソウのコツは
習得したってことで
次は…
コミュニケーションのコツを
習得してもらうわね
はい！

コミュニケーションといったら大久保さんよ
幸代さんよろしくお願いします
わかったわコミュニケーションのコツ、
私が知っていることは一美さんに全てお伝えするわ
第一営業部 大久保幸代（42）
よろしくお願いします
ちょうどよかった
行くわよ
はいどこへ？
コンビニですか？
商談よ
しょ、商談!?
急に部下に休まれちゃって

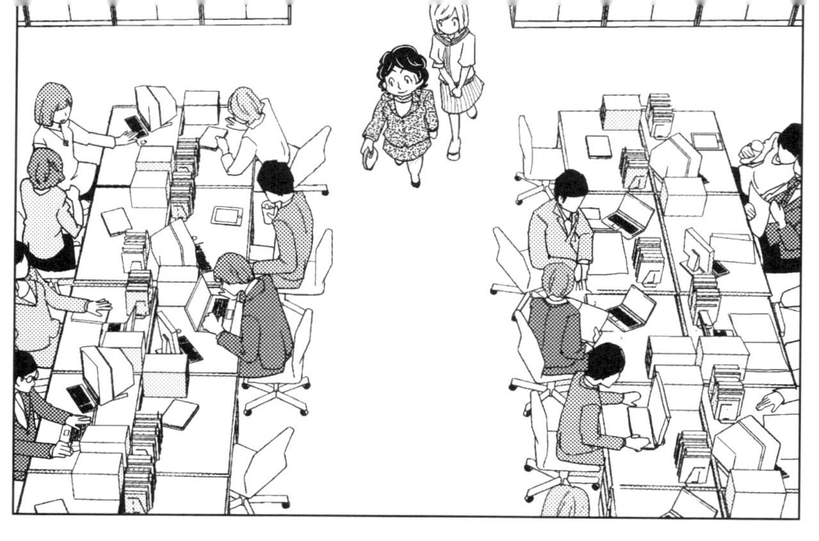

塩田さん
おはよう
娘さんのカゼ
もう治った？
幸代さん

ええ、一時は
中耳炎に
なりかけたん
ですけど、
もうすっかり
よかったわ

吉田くん
例の企画、
A案で進行
してるから
わかりました
下準備して
おきます
山田さん
あの件、
部長への根回し
よろしくね
ああ、
日曜にゴルフの
お供をするから
そのときに…
わかった？

コツ
10
P078
なぜ私がオフィスの真ん中を歩いていたか
え？ あ、
みんなに声をかけられるからですか？
それも重要ね
早矢香さんに祝電送る準備をしておいて
え？ どうしてですか？
結婚式場のキャンペーンパンフレットが机の端に置いてあったのよ
ありゃ、近いいね
憧れのガーデンウェディング
最近彼女、忙しそうだけど表情明るいし
肌もツヤツヤだわ
そこまで見てるんですね…
エルマート

私も自信を
持ってオススメ
できる品です

今日は助かったわ
私なんて何も

でもすごいですね初めての商談であそこまで詰められるなんて
ありがとう

ITALIAN
PIZZA PASTA
それよりお腹すかない?

ガヤ
ガヤ

一美さん
最初のスーパーの一番左にいた人、誰だった？
え？
あの…西村さんです
二番目の人は？
山崎さん…
山口さんよ。あとの二人は？
…わかりません
コミュニケーションの第一歩は相手の**名前を覚える**ことよ
コツ 11 P079
すみません 私、人の名前と顔を覚えるのが苦手なんです
私もそうだった
バッ
だから…

エルマート本部の皆さん
西村さん
山口さん
村上さん
吉田さん
ポッ
すご〜い似てる
私にもできるかな
美術2だったけどできてるでしょ

昔話、聞いてくれる？
はい
もう、20年以上前になるかしら…
カラン…
当時、教師になりたいと思っていた私は母校の中学で教育実習をした
ひさしぶりー
教生日誌
教生日誌
そのとき健ちゃんっていう同級生と再会してね…

教育実習生
大久保幸代

ake
akeはエイクと読みます
"c"をつけるとケイク!

いいですか皆さん
教生日誌

cをmに
変えると
mはマ行
だから…
make
メイク
じゃあそこの
君、これは
なんて読む?
bake
バ行だから…
ベイク!
正解!
じゃあ、
あなた
take
テイク!
すごいわ
じゃあ
これは…
lake
fake
wake
レイク
フェイク
ウェイクだよ!
私の
最初の授業は
大成功だと思った
次は健ちゃんの
番だった…

答えが合わない
あれ？おかしいな？
先生、繰り下げが間違ってます
え、
友里奈ちゃんさすがにそれはないよ中学生の問題だから…
あ、本当だ
どっ
じゃ、じゃあこの問題、わかる人
はい！
じゃあ、大樹君
私は勝ったと思っていた
先生にはわからなかった問題だけど僕らはわかります
どっ
ボロボロね健ちゃん…！
教生日誌

ところが…
高志君は空手やってるんだって？
うん
オォー
あたしたちはダンスやってんだ
え〜すごい亜矢ちゃんと美紀ちゃんも？
見たいなやってみせてよ
あとで聞いたんだけど
……
キュッ
スタ
スタ

健ちゃんは
40人の生徒の
顔と名前、それに
プロフィールを
教育実習の
初日までに
全員分
覚えていたの
コミュニケーションの
コツは
相手に興味を持つと
いうことなのに
コツ
12
P080
私は自分の成功しか
見てなかった…
私は
コミュニケーションで
何が大切かを
健ちゃんから
学んだのよ
いい話
ですね
ヨーロッパには
『最も心地よく
響く言葉は
自分の名前である』
ってことわざが
あるわ
とにかく相手の
名前を覚えて
呼ぶことは
大事なこと
あとは…
今の時代はSNSも
発達しているから
プロフィールを
知っておくだけでも
相手のことを理解
しやすいわよね
facebook

フェイスブック…戴いた名刺があるし見てみよう
フムフム
カルボナーラがおいしくできました
西村さんは料理男子なのか…得意料理とかあるのかな
フェイスブックに釘付けになる前に
まずはメールよ
メールですか？
コツ 13 P081
そう人と会ったときはその日のうちにお礼のメールを送りましょう
その際、その人が言った印象に残った言葉などを添えると好印象をもってもらいやすいわ
何気なく言ったことを覚えて…
確かにメールが定型文だとテンション下がる気が…
でしょう？
ありがとうございました これからもよろしく おねがいします
だけ？
こちらからメールすることで
相手は名刺からメールアドレスを打ち込む手間もなくなるの
細かいアルファベットを打ち込むのは結構ストレスですものね
そうそう、気配りは大切よ

コミュニケーションで
大事なコツは
相手に興味を持つと
いうこと
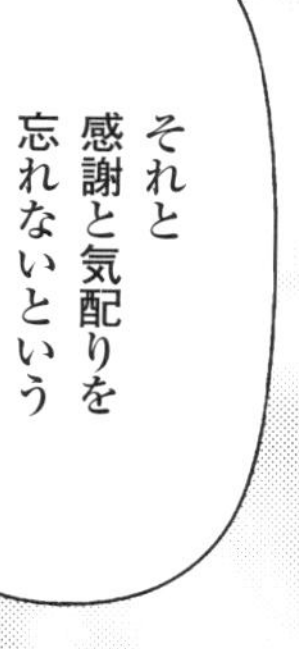
それと
感謝と気配りを
忘れないという
ことね

人間力が試される場
っていうことかな…

あとは
部下や上司、
仕事仲間と
一緒に食事に
行くことも大切よ
リラックスした場だと
相手の本音が聞けるし
距離もグッと縮まるわ
たしかにリラックス
していろいろ喋って
ましたね
初対面なのに

今の人は衝突を避け、あまり議論したがらないけど、それでは高いレベルの仕事はできないわ
必要以上に摩擦を恐れてはいけないのよ
コツ 14 P082
プライベートで親しくなると、本気で議論もしやすくなるしね
あ ごめんね
じゃあ 夕飯は健ちゃん お願いね
うん わかった
健ちゃん…

今日は本当に勉強になりました
幸代さんってすごい人よね
でも私ちょっと不安になりました
コツ以前にコミュニケーションの根幹は人と話すことですよね
でも私…そもそも人と話すのが得意じゃないんです
それはなぜかしら？
たぶん…
相手に誤解されて嫌われるのが怖いんです
わかっているのね
あと一歩よ
あと一歩
『誤解されて嫌われることを恐れる』というのはあなたの思考のクセなのよ
P083
コツ
15
自分の思考のクセがわかれば
目標達成に一歩近づいた証拠
でも…どうしたら…

コツ
16
P084
まず、簡単なことから習慣化することよ
簡単なことから？
ええ
誤解されても嫌われない人と話すことから始めればいいの
誤解されても嫌われない人!?
そんな人どこに…
いるんじゃない？
ええっ!?

もしもし
ラ・ラ・メゾン

あのね、お母さん…

コツのまとめ

コツ 10
▶オフィスでは真ん中を歩く

コツ 11
▶名前を覚える

コツ 12
▶相手のプロフィールに興味を持つ

コツ 13
▶すぐメールする

コツ 14
▶必要以上に摩擦を恐れない

コツ 15
▶自分の思考のクセを知る

コツ 16
▶簡単なことから習慣化する

第２章で学んだ

悠斗からホウレンソウのコツを学んだ
一美は、今度は第一営業部の幸代に
コミュニケーションの秘訣を学びました。
コミュニケーションでは
会話の能力ももちろんですが、
最も大切なのは、
相手への興味と感謝……そして気配りです。
幸代から学んだ、
コミュニケーションのコツの数々を
忘れないうちに復習しましょう!

コツ

10

オフィスでは真ん中を歩く

☞P061

「オフィスで真ん中を歩くこと」でコミュニケーションの機会は増やせます。朝、出勤するときにエレベーターホールから自席に向かうまでのコース取りを思い浮かべてください。少しコースを変えて、フロアの真ん中や部署の島と島の間をあえて通った場合、それだけで目が合う人は一気に増えるのではないでしょうか。

目が合った人と「おはようございます」と挨拶するだけでなく、この数十秒を「そういえば、お願いさせていただいた先日の件、どうなりましたか？」など気軽に会話しながら仕事を前に進める機会に変えてみてください。

あるいは会話をせずとも、机の上にある資料や書籍を目にすることで「あ、あの人こんな情報を持っているんだ」という情報収集の機会にしたり、同僚の顔を見て「彼からもらった例のメールの件、締め切り今日だったな」など、確認の機会とすることもできるのです。

コツ
11 名前を覚える

幸代のように、名前を覚えるために似顔絵を描くのも良い方法ですが、なかなか実践するのは難しい、という人もいるでしょう。そういう人は、初対面で名刺交換をした後に「○○さんはいかがですか?」とか「今○○さんがおっしゃったように」と意図的に相手の名前を呼ぶようにしてみてください。間違いなく心理的な距離が近づきますし、名前が記憶に定着します。加えて名前が定着すれば、同時にその人にまつわる周辺記憶もよみがえるようになります。

その人と会議をしたときのテーマやプロジェクト、当時学んだことなどが、記憶の前のほうに出ていると、すれ違ったときにちょっとした会話のネタになったり、すぐに使える引き出しの一つになったりしますよ。

☞P064

コツ

12

相手のプロフィールに興味を持つ

P070

相手のプロフィール情報を持っていると、コミュニケーションはよりスムーズになります。例えば、出身地や趣味については常に覚えるようにしてください。そうすれば新聞やテレビでそれに関する情報が出たとき、普段気にしていない話題にも興味が持て、その人への興味の幅が広がったり、「あの人に声をかけてみよう」というコミュニケーションのきっかけにもつながります。

ただし、こうしたプロフィール情報は必死に探して記憶せよ、というものではありません。ちょっとした会話の中から相手の情報を得たら、常に頭の引き出しにしまうことを意識してみましょう。

コツ

13

すぐメールする

☞P071

メールをつい、後回しにして対応が遅れてしまったりすることはありませんか？

人によってさまざまな対策を取っていると思いますが、最高の対処は、「すぐにメールする」ことです。メールの内容はその場で判断できるはずです。後回しにする理由はありません。すぐに対応すると、相手からもらう「はやっ！」とか「迅速な対応ありがとうございます」といった反応が快感に変わります。

とはいえ、現実にはどうしても緊急の用事や、締め切り前などで対応できないときもあります。そのときには、新規メールを開いて、送る準備だけでもしておきましょう。空き時間ができたらすぐに対応できますし、失念も防げます。

コツ

14 必要以上に摩擦を恐れない

☞P073

「安易に妥協することは、むしろ和を乱すこと」です。

日本人は聖徳太子の時代から「和をもって尊しとなす」という価値観を持っています。たしかに素晴らしい考え方ですが、目の前の「和」にこだわるあまり、不必要に摩擦を恐れることが、物事がうまく前に運ばない原因になっていることが多いのも現実です。

これこそが「安易な妥協」と言うべきもので、本来の「和」とは異なるものです。

一見衝突しているようでも、本気同士でぶつかり合えば、議論は必ず前に進み、さらに高いレベルで、本物の「和」を作れるようになるのです。

コツ

15 自分の思考のクセを知る

☞P074

「なくて七癖」という言葉は他人にわかる口癖やしぐさだけでなく、考え方、感じ方にもあてはまります。他人にわかるクセなら、それを教えてもらうことができますが、頭の中までは他人もなかなかわかりません。こればかりは自分で意識する必要があるでしょう。

意識した後は、そのクセ自体は無理に直したりせず受け入れましょう。どうせ他人には見えないのですから、受け入れた後に自分の中で対応策を取ればいいのです。

一美の場合は、相手に嫌われることを必要以上に避けるクセがありました。あなたも日々思考のクセをチェックし、目標達成に向けて自分を整えてみてください。

コツ 16 簡単なことから習慣化する

☞P075

例えばTOEICで高得点を取るために英語学習をはじめたい、という人がいるとします。この人はまず何からはじめるべきでしょうか。

いきなり分厚い参考書を買う、英会話学校に通うなどの行動は長続きしません。意気込んではじめても、あまりの負担にそれが苦しみになり、結局挫折してしまうのです。

こうした英語学習に限らずですが、何か新しいことをはじめるには、できるだけ負担のない簡単なことからはじめることを強くおすすめします。

英語学習のケースなら、たまに届く英語のメールを欠かさず読むことからはじめるとか、家にいる間は英語のラジオをつけっぱなしにするといった、遊びと区別がつかないような軽いところから少しずつはじめるのがコツ。

確かに、「継続は力」ですが、「力が必要な継続」は継続しないのです。

第3章

チームワークのコツ

マルタニ製菓
イベンターさんと連絡取れた？
はい、メールでMTGの日程を確認しまして
21日がご都合いいそうです
山下さん、ご自分でもスナックアカウント持ってるくらいスナック好きなんですって
お菓子博の話喜んで聞いてくださる気がしますね！
そう
あなたは成長してるわ
新入社員をあなたに任せて私のプロジェクトを手伝ってもらおうと思ってるの
ヒョコッ
キョロキョロ
失礼します
コツ
コツ
それでね、
来たわね、こっちよ
ガタッ

松村健太です
伊藤梨乃です
正木浩介です
お菓子博のバックアップはあなたと彼らに任せるわ
ポン
頼んだわよリーダー
私がリーダー!?
しっ…白石一美です!
よろしくね!
よろしくお願いします!
よかったあ優しそうな人で!
そんなぁ
がんばろうねみんなでっ

はじめての部下…！
カフェラテでかんぱーい
頼れるリーダーにならなくっちゃ！
1週間後
あ
いた松村くん
ガチャッ
頼んでおいた資料できてるかな？
えっ？
イベント会社の候補をいくつかまとめておいてって頼んであるよね？
それまだ手をつけてないです
何で？
もう一週間経ってるよ？

リーダーは期限を切ってないじゃないですか
ガーッ

オレたち新人はなにかと雑用を頼まれるんで、これでも忙しいんです
急ぎならいついつまでって言ってくれないと

その日は
ボイトレ行くんで
打ち合わせは無理です
言っておいた
はずですけど…
それってボクが
やるべき仕事
だったんですか？
それなら、そう
言ってくれないと
バ
ッ
何なのよ
あの子たち！
全然使えない
じゃない！
優しく言えば
やらないし
強く言うと
反発する
私の言うことを
全然聞いてくれない！
あの子たちの
尻ぬぐいで
私だけ終電続き
だなんて
こんなの
何のための
チームなのよ…！
ガ
ッ

あっ
バシャッ
もう…
…
もうっ！
もうっ！
もう
限界だ…
先輩に言ってリーダーを
降ろさせてもらおう
元々リーダーなんかに
なれる器じゃない
言うことをきかせる
方法なんてわかんない
ここまで
やれただけ
上等よ…
どうして
こんなことに
なっちゃっ
たんだろう…
ぐすっ

ぐすっ
マルタニ製菓
せんぱい
私
お話が…
待って
ゴク
私にもあるの
私からでいい？
え
は、はい
コッ
コッ
いらしたわ

西田さんよ
初めまして
白石さん
マーケティング部 西田玲男（31）
あなたにチームワークのコツを指導してもらうためにお呼びしたの
チーム…
ワーク…
ふわっ
先輩…
私が悩んでたの知って…!?
もちろんよ
西田さんならいいアドバイスをしてくれるから
がんばってね
ぐすっ
西田さん、よろしくお願いします
先輩…
ありがとうございます

私、がんばります！
マルタニ製菓
会議室
よろしくお願いします！
はい よろしくね
コツ 17 P108
西田さん、私リーダーになれるでしょうか？
今チームは崩壊寸前なんです
チームには4つの発展ステップがあるんだ
第1段階
Honeymoon
発見の連続で「何てすばらしいんだ」と思える
第2段階
Hostility
アラが見えて「むかつく！」
第3段階
Humor
異なることも許せて笑いにできる「しょうがないなあ」
第4段階
Home
歩み寄り、普通になり自分のものになる
4つのHと呼ばれているんだけど
もちろん！
白石さんのチームは今、第2段階のHostilityつまり敵対になっている
第2段階
Hostility
互いのアラが見え、『むかつく』状態
でもどうやったらその段階を乗り越えられるのかわからなくて…
た…確かにそうです
そうだな まず…

人には『動いていただく』もの
という気持ちで
接すること
コツ 18 P109
命令口調は
絶対に使わないこと
あ…
雑用を
頼まれるんで
忙しいんですよ
私の仕事を
優先して
ちょうだい！
他の人に
頼まれても
後回しにしろって
ことですか？
そうよ！
あなたの上司は
私なんだから
まず、私の
言うことを
聞くべきでしょ
ああ
ついムキになって
部下は上司の命令に
従うのが当然って
思ってました
谷原部長が
頭ごなしに
私に命令すると
嫌な気持ちに
なっていたのに
命令に対しては
服従するか
反抗するかしか
ないからね
それでは決して
良い成果は
生まれないよ

上司・部下の関係であっても
顧客と取引業者の関係であっても
すまないけど頼みます
了解です！
ありがとーう助かるわ
『動いていただく』という気持ちがなくてはパフォーマンスは上がらない
俺も昔は気づかなかった
俺がチームワークの大切さを学んだのは高3の春
野球チームのキャプテンになったときだった
俺がキャプテンになった以上絶対に全国大会に出場する！
いいか!?
しっかりついて来ないと置いていくからな！
俺は自分が空回りしていることに気づいていなかった
練習を1日休みたいだなんてバカ言うな！

大会まであと1週間しかないんだぞ!

エースのお前がそんな浮ついた気持ちで全国大会に出られると思ってるのか!?

は…はい

わかりました

…!

ガチャ

ったく…

ワー

ワー

結果は二回戦敗退…

ガッ

クソッ

エースが不調じゃしょうがないよ

キャプテンが休ませてあげてればね

何それ

海外赴任のお父さんが1日だけ帰ってきた日に練習休めなかったんだって

あいつん家って普段おばあちゃんと二人暮らしだろ?

2年振りに会えるってすごく喜んでたのにな

結局会えなくて次、2年後だってよ!

だからずっと落ち込んじゃってて

ショックだった…
それから俺は変わった
コツ 19 P110
人にはそれぞれ大切にしているものがある
上司の評価が大切な人、お金を重視する人、趣味が生きがいという人、家族との時間を大切にする人…
通帳
フヒヒ
人にはそれぞれの価値観がある
自分の価値観を相手に押し付けてはダメ
ボイストレーニングなんてただの趣味でしょ！
打ち合わせとどっちを優先させるか考えなくてもわかることだよ！

それから何か仕事を依頼するときは
秋に開催される お菓子博に
新商品のボンゴレポテトチップスを出展して 商品を成功に導きたいの
経緯や目的、期限や意義などをわかりやすく
整理して伝えるべきだと思う
はい
コツ 20 P111
「勉強のためだから あとは考えて」
「そこを考えるのが 仕事だろう」
と言うのは、仕事を依頼する 側の怠惰だと 俺は思う
誰に振った仕事なのか、ちょっと考えればわかるでしょ
私って…
はぁ〜
あとは
部下に任せきる勇気を持つ ことも大切だ
コツ 21 P112
ワー
ワー
オォォォ
満塁だ
ここまで かな…

キャプテン
ニコッ
もう投げる球がありません
お前が一番投げたい球を思いっ切り投げればいいから
大丈夫!
がしっ
それより試合終わったらどっちにする?
来々軒の大盛チャーハン&餃子セット?それとも焼肉食べ放題?
えっ…!?
焼肉!

それから
誰がやるべき仕事か
わからない場合は
迷わず自分がすること
コツ
22
P113
誰もしないと
ポテンヒットの
ようなミスが生じ、
仕事が停滞
することがある
カキーン
フライだ！
ああっ！
任せろ！
誰か…！
タッ
ガシャ
ガチャン

やったあ！
全国大会だ！
キャプテン！
やったな
俺たち！
ワアアァァ
わかりました
私、
やってみます！

じゃあ、浩介君
その件、お願いね
そこがうまく
突破できれば
上層部を説得できる
企画になるわ
トン
トン
健太くんも
明後日まで
大変だけど
あとは
よろしくね
リーダー
変わったよね
そうだね
「今までは間違って
ました」ってボクたちに
謝ってたもんね
今まで
ごめんなさい
私のバンドの
ライブにも
来てくれたんだよ
チームメイトが
何してるか
知りたいって
ヘドバンて
こうやるの？
とにかくボク
がんばるよ
今まで一度も
頼りにされたこと
なかったから

私も
オレも
そうだね、みんなで
ー！
マルタニ製菓
じゃあ、チームの復活を祝して
乾杯〜！
カァン
焼とり
和や

大分表情が明るくなったわね
あのときの落ち込み具合ったらなかったわ
ハハ…
わかります?
私、チームのみんなのこと
『使えないやつら』って思ってたんです
ぎゅっ
でも「あいつは使えない」って言うことは、自分に使う能力がないっていう敗北宣言だったんですね
コツ 23 P114
使えないのは私だった
そうよ あいつって指さした手の指のうち3本は自分に向かっているもの
?
ホントだ!

メンバーの失敗は
自分の責任って
思えるようにも
なったみたいね
コツ
24
P115
刺身
イカ焼き
はい。西田さんの
ご指導がなければ
チームは崩壊
してました
それでいいのよ
結局は
やれることと
しかできない
んだから
できることを
全力でやるの

大変だったわね
今日は大いに飲んで
ストレスを発散
してね！
ゴキュッ
ストレス解消法を
決めておくことも
大事な仕事の１つだわ

はい！
プハーッ
すみません
生おかわり
くださーい
あら
早いわね
和
ガヤ
ガヤ

コツのまとめ

コツ17
▶チームの発展ステップ「4つのH」を理解する

コツ18
▶人には「動いていただく」もの

コツ19
▶相手が大切にしているものを知る

コツ20
▶情報は整理してから伝える

コツ21
▶任せきる勇気を持つ

コツ22
▶手が届くフライ球は自分が捕る

コツ23
▶「あいつ使えない」は敗北宣言と考える

コツ24
▶最後は「やれることしかできない」と考える

第 3 章で学んだ

仕事には「壁」がつきもの。
そして、そこで大切なのは
壁をいかに乗り越えるか、ということです。
困難に負けずに、一美は立派に
初めてのチームリーダーを務め、
人間的にも大きく成長できたようです。
玲男から一美が学んだ、
チームワークのコツをもう一度チェック!

コツ 17

チームの発展ステップ「4つのH」を理解する

☞P093

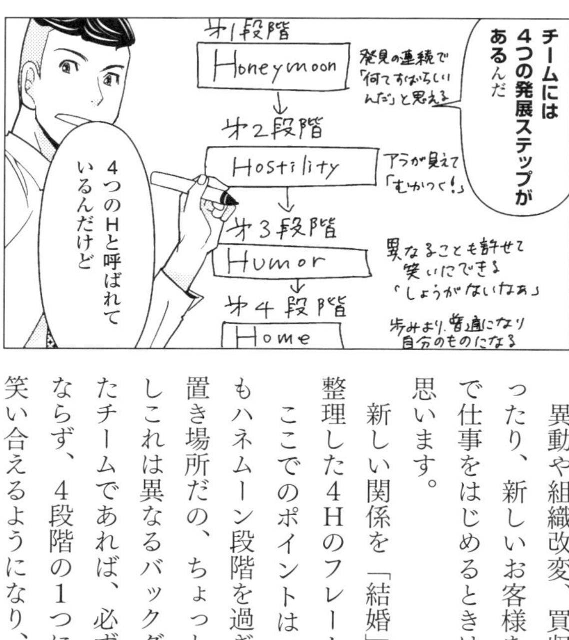

異動や組織改変、買収合併などで新しいチームの活動がはじまったり、新しいお客様を担当したりして、それまでとは違う環境で仕事をはじめるときは、期待半分、不安半分という気持ちだと思います。

新しい関係を「結婚」にたとえ、異文化マネジメントの観点で整理した4Hのフレームワークという考え方があります。

ここでのポイントは「敵対段階（第二段階）」です。新婚家庭でもハネムーン段階を過ぎると、エアコンの設定温度だの、醤油の置き場所だの、ちょっとしたことで言い争いが絶えません。しかしこれは異なるバックグラウンドのメンバーが集まり新しくできたチームであれば、必ず経験するステージです。ここで感情的にならず、4段階の1つにすぎないと考えると、ユーモアを持って笑い合えるようになり、最後には新しい文化が作られます。

コツ

18 人には「動いていただく」もの

☞P094

チームで仕事をすることの意義は、言うまでもなく一人ではできないことをメンバーで分担し、より大きな目的を達成することです。そして、仕事を頼むときに一番やってはならないことは、命令口調を使うことです。命令に対して、受けた側に「服従」しなくてはなりません。そして、「服従」の姿勢では決してよい成果は生まれませんし、最悪、「反抗」へとつながります。

たとえ上司部下の関係であっても、顧客と取引先業者であっても、ましてやチームメイトという関係であればなおさら、仕事を頼むときは「動かす」ではなく「動いていただく」気持ちがなくては、パフォーマンスは上がりません。

コツ

19

相手が大切にしているものを知る

仕事をする動機や、大切にしているものは人によって色々。色々な人が集まってこそのチームですから、相手が大切にしているものを尊重してこそハイパフォーマンスがのぞめます。一美のように、決して自分の価値観だけで「常識」を決め、その基準を相手に当てはめてはいけません。それぞれが気持ちよく自身の特性を活かす仕事をし、それぞれの形でチームに貢献しているときこそが、チームのパフォーマンスが最高になるときです。

日頃チームメンバーと接する中で、相手が何を重視して仕事をしているかを観察するようにしてください。職場での何気ない行動や、食事のときの会話にヒントが隠されているものです。

P097

コツ

20

情報は整理してから伝える

仕事を誰かに依頼するとき、一美のように「イベント会社の候補何社かまとめておいて」「この情報を資料化してください」という簡単な言葉のみで指示を出す人がいますが、これは仕事を依頼する側の怠慢です。少なくとも、経緯や目的、期限や意義などはわかりやすく言葉を尽くして伝えるべきです。

チームが個人と大きく異なる点は、メンバー間の情報共有や意思疎通が必要になる点です。これを少しでも怠ると大きなムダが生まれます。

このような情報の整理こそが依頼する側に求められる義務。上からの仕事をただ伝言するだけなら、あなたがそこにいる意味はありません。仕事を依頼する側は、持っている情報はすべて伝えましょう！

P098

コツ

21 任せきる勇気を持つ

P098

リーダーがチームを細かく管理しすぎると、チームはうまく回っていきません。これはリーダーとメンバー、双方に原因があるのですが、いずれにしても何でもリーダーが手出し口出しすると、メンバーは成長する機会を持てないどころか、何でも頼るようになってしまいます。また、リーダーの時間的・能力的限界がそのまま組織のパフォーマンスのボトルネックになってしまいます。

リーダーとしては「見てはいられない」「自分がやったほうが早い」と感じる部分があるかもしれませんが、メンバーに仕事を依頼したら、ぎりぎりまで任せきる勇気を持ちましょう。

どんな人にも自分が成長してきたときには、ハラハラしながらも手を出さずに見守ってくれていた人がいたはずです。

コツ

22

手が届くフライ球は自分が捕る

P100

チームで仕事を進めるときに「これは自分の仕事ではない」とそれぞれが考えてしまった結果、誰も手を出さないまま作業が放置されてしまうことがよくあります。

これを防ぐために、手を出すべき人が明らかな場合は、その人に声をかけて気づかせます。そして、責任の所在が明らかではない場合は、迷わずあなたが手を出しましょう。

一見、あなただけが負担を負うような形になりますが、実際には、そうすることでチームの作業が予定通り前に進み、人より多くの仕事をすることで、あなた自身の経験が増え、同時にあなたへのチームからの信頼が集まります。「自分ばかりが仕事をしている」と感じるときも、もう少しだけがんばって継続すると、一美が体験したように、チームに変化が見えるものです。

コツ

23

「あいつ使えない」は敗北宣言と考える

仕事ではときどき、「あいつ使えない」という表現を耳にしますが、この言葉を言いそうになったら、この話を思い出してください。

「『あいつ使えない』という表現は、『あの人は役に立たない』という意味ではなく『私にはあの人を使う能力がない』という意味だ。『あいつ』と指差した手のうち3本は自分に向かっている」

「あいつ使えない」と言うことは、自分が相手に対して適切な対応を取ることができず、負けを認めることなのです。そんなときは、「あいつ使えない」という言葉は封印し、発想の転換をしてみてください。「あの人を使える能力を身につけよう」と自分の問題としてとらえ直すことで、他責にする代わりに前向きな解決策はないかと、ぎりぎりまで踏ん張ることができるのです。

P104

コツ 24

最後は「やれることしかできない」と考える

☞P105

それまでの経験や常識で考えたら絶対に無理、と思える目標であっても、発想の転換次第では目標達成どころか目標の何倍もの成果を上げることが可能になります。あなたの周りにも、そういう例はあるのではないでしょうか？

ただ一方で、現実のビジネスは相手があってのことですので、必ずしも自分の思い通りにいかない場面も多いのも事実です。やれるだけやりきって、もう打つ手がなくなり結果的に達成できなかったときは、落ち込んだりモチベーションを落としたりする瞬間もあるでしょう。そういうとき、こう思うことをお薦めします。

「人間は、やれることしかできない」と。

一美が頑張ってチームをまとめたように、心からそう言いきれるまで努力したいところですね。

第4章

会議のコツ

では、コンビニにおける売り場面積を広げるためのアイデアは
この3本に決定します
すごい…
見事に会議をコントロールしてる

市原さん ありがとうございます
大事な会議を見学させていただいて
礼をいう必要はありません
山本さんより依頼があり、それを受諾することが社会貢献に繋がると僕は判断した
だからここにあなたをお呼びした
は、はぁ
品質管理部 市原智樹（38）
典型的な理系男子ね
ロボットみたい
ドウカ
シマシタカ？
ギギ…
!?

いえ
何も…
よろしく
お願いします
では10時に
なったので
会議を始めます

本日の会議はお昼までの2時間を予定しています
前半の1時間は、コンビニにおける売り場面積を広げるためにアイデアを自由に出していただくブレストで
後半の1時間は、アイデアを3本に絞ってより具体的な企画に仕上げていくエバリュエーションにします
P150 コツ 25
なるほど
まず最初に会議の趣旨を明確にするってことね
フム…
ブレストはどんどんアイデアを出す場
そしてエバリュエーションは出てきたアイデアを整理し、結論まで導く場だったよね
そして出席者全員が目的とゴールを事前に共有するようにしている
早くもすごく勉強になってる…!
最初に言っておけば脱線したとき注意しやすい…!
すごいわ…
はっ
なお今回は、会議のコツを学ぶために白石さんが見学します

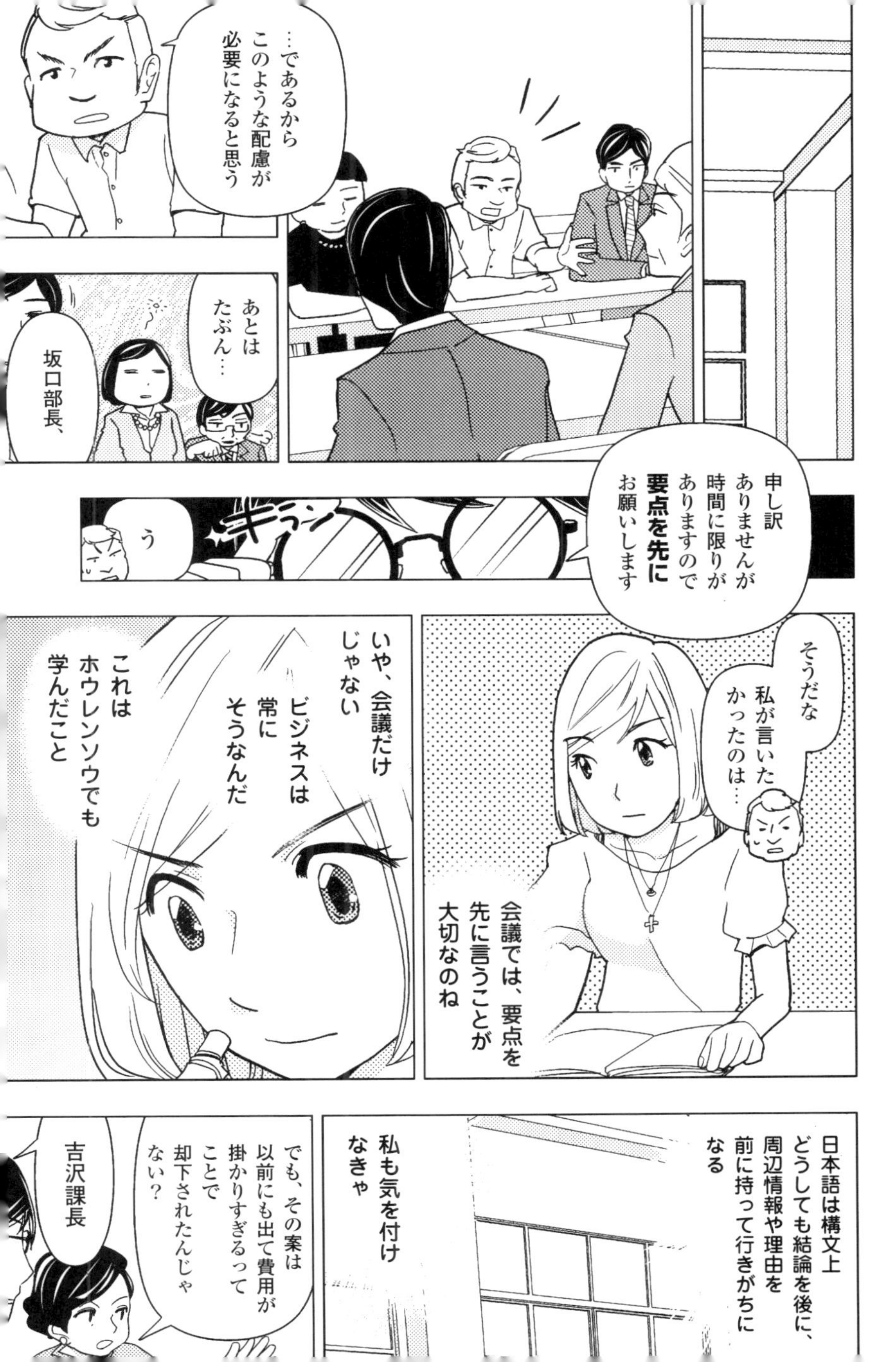
…であるから
このような配慮が
必要になると思う
あとは
たぶん…
坂口部長、
申し訳
ありませんが
時間に限りが
ありますので
要点を先に
お願いします
う
そうだな
私が言いた
かったのは…
会議では、要点を
先に言うことが
大切なのね
いや、会議だけ
じゃない
ビジネスは
常に
そうなんだ
これは
ホウレンソウでも
学んだこと
日本語は構文上
どうしても結論を後に、
周辺情報や理由を
前に持って行きがちに
なる
私も気を付け
なきゃ
でも、その案は
以前にも出て費用が
掛かりすぎるって
ことで
却下されたんじゃ
ない？
吉沢課長

批判は後半のエバリュエーションでお願いします
そうだったわね
また、発案者にはそのときに以前の提案とはどこが異なるかも説明していただきます
わ、わかった
プッ
市原さんって上司でも容赦がないのね…

でもルールを守らせないと会議は脱線してしまう

アイデアも出そろったようなので前半のブレストを終了し、
これから休憩に入ります

再開は11時15分からです
後半は、エバリュエーションになります
時間厳守でお願いします

一服しに行きましょう

カフェラテ飲みに行きましょ

休憩をとることも必要なんですね
そうです

2時間以上の会議では、必ず休憩をとるようにすべきです
休憩の重要性はマウスの実験でも実証されています

マ、マウス…
休憩を取らせずに10時間働かせてミルゾ

後半
エバリュエーション
開始
では、コンビニにおける売り場面積を広げるためのアイデアは
この3本に決定します
すごい…
見事に**会議をコントロール**してる
発案者はそれぞれ水曜日の午後一時までに簡単な企画書にして出席者全員にメールで提出してください
ペこり
これで会議を終了します

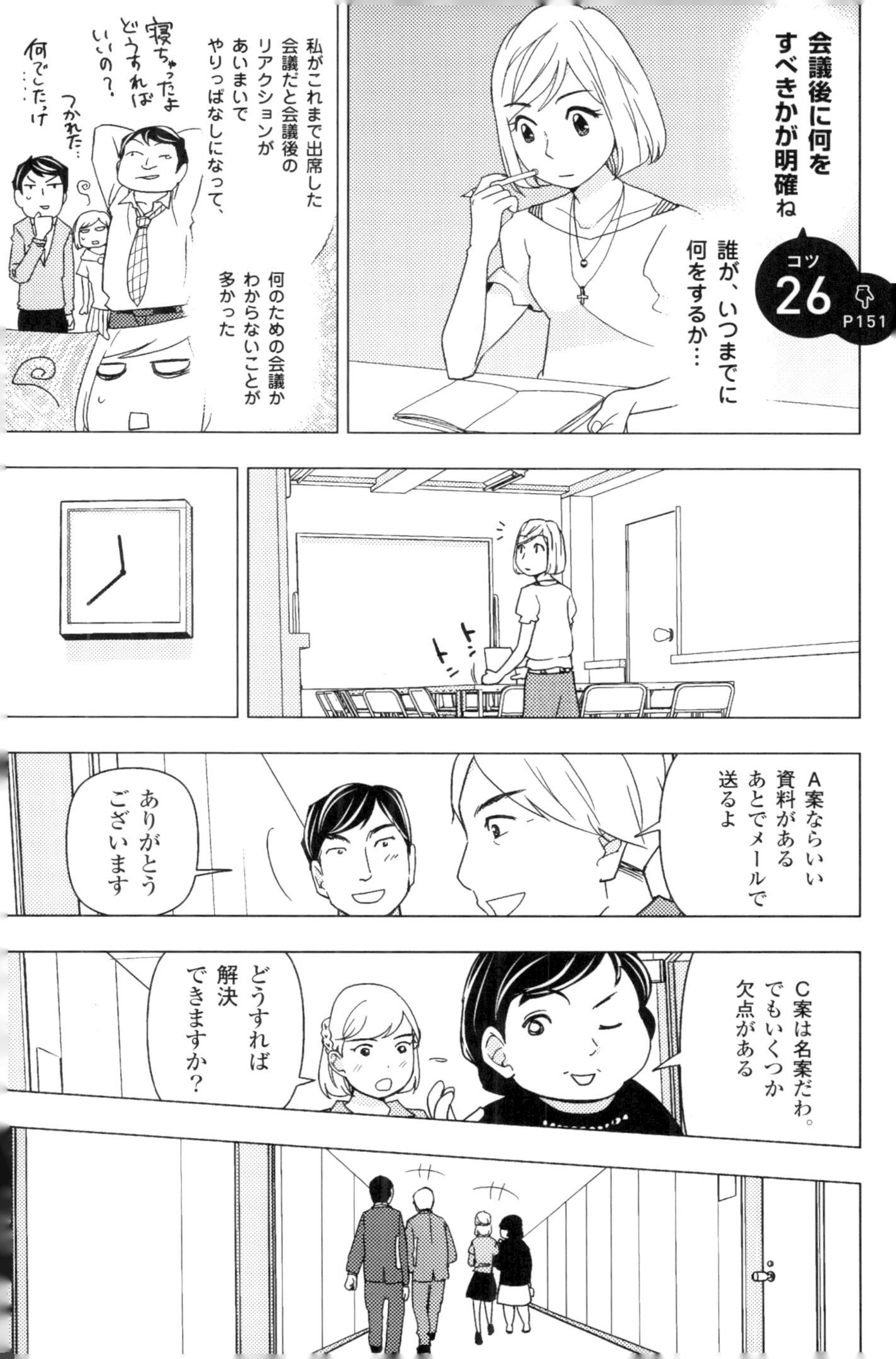
会議後に何をすべきかが明確ね
誰が、いつまでに何をするか…
コツ26 P151
私がこれまで出席した会議だと会議後のリアクションがあいまいでやりっぱなしになって、
何のための会議かわからないことが多かった
寝ちゃったよ
どうすればいいの？
つかれた…
何でしたっけ……
A案ならいい資料があるあとでメールで送るよ
ありがとうございます
C案は名案だわ。でもいくつか欠点がある
どうすれば解決できますか？

すごいですね
20分も早く終わりました
会議は短ければ短いほど、少なければ少ないほどいいのです
人数も、有用な意見が言える人に限った方が能率的です
2時間の会議を20人で週2回行えばトータル80時間になります
2h
×2
80時間
その差は70時間
1h
×1
10時間
でも、1時間を10人で週1回なら10時間です
使う時間は8分の1になり、70時間も時間が節約できます
これが会議1／8の法則です
節約できた70時間でいろいろな仕事ができるってことですね
ソノトオリデス
ギギ
コツ 27 P152

他に会議で注意すべき点は何ですか?
どうぞ
10:00 開始
10:05 説明
10:06 白石一美さんを紹介
10:10 アイディアを出し.
おお
会議のシナリオを作っているんですね
コツ 28 P153
ええ、
私の紹介タイムも書いてある
必要となる時間の割り振りをして、課題の内容と、それに対する参加者の反応を想定し
目的・ゴールが達成できるまでの想定時間を割り出すのです
タニハラ部長がここでこう言ってくるハズなので吉田次長にこう切り返して
ピー
ピー
難易度が…
あの…議長ではなく参加者としての注意点は何ですか?
そうよ私は議長じゃないの
そうですね
会議の参加者が気をつけるべき重要な点
それは…

座る位置、つまり席順です
キラン
席順？
上座とか下座とか？
谷原部長は上座に座っていただいて
うむ
へ
会議でも大事だったとは
非論理的ですね
ファイルのラベルも上向きにしてビールみたく
会議は実用優先です
宴会の席順ではないのです
コツ 29 P154
例えばここ
自分が主導権を握りたいときは、
ホワイトボードのそばに座ります
ガタ
そういえば、A案を出した人はこの位置に座ってホワイトボードを使って説明していた
そうです

優秀な人は
若手・中堅・ベテランを問わず
議論の最中に立ち上がって
ホワイトボードに描き始める
ことがとても多いのです
いいかね
優秀な人は
ホワイトボードを
使う…
ええ、
会議では、なかなか議論が
進展しない状態、
いわゆる『空中戦』に
なることが多いですよね
ええ
であるから
してー
さっきから
同じことばっか
言ってません？

そんな『空中戦』を
避けるには
ホワイトボードを使って
論点は
これだ！
『つまり、こういうこと』と
論点を整理し、参加者全員に
同じボードを見てもらい、
論点を確認することが
有効なのです
了解！

なるほど…
他にも席順に
よって大きく
違うことが
あります

目の前に対面した位置は『対決位置』といわれています
P155 コツ 30
この位置の人とは、深くコミュニケーションができる反面、
反対意見を持っている人だとより反対を受けやすくなります
なるほど
隣り合わせは『交流位置』と呼ばれ、
親近感や味方の意識が強まる傾向があります
うふふ
うふふ
特に1.5m以内は『懐』と呼ばれ、刀が振り回せない至近距離です
ここにいると攻撃の対象になりにくいといわれています
うふふ
懐
反対してほしくない人がいたら隣に座ればいいんですね!?
そうです
でも…
私みたいな若手だと発言時間も限られるし
会議を自分の思ったようにコントロールするなんて不可能に近いよなぁ…
フフフフ…
部長
課長
係長

キラーン
そんなことはありません
発言しなくてもただ聞いているだけで
会議はコントロールできます
エッ!?
聞いてるだけで!?
コツ31 P156
それがフィードバックです
フードパック?
フィードバックです
10%OFF
からあげ
頷きや相づちのことです
これを少しオーバー目に行うことで『私はあなたの話にとても関心を持っています』というメッセージを送り、
というわけです
賛成してくれてるな
話し手に気持ちよく話させ、あなたに好印象を持ってもらうことができるのです
すごく興味深いです
営業のときにも使えそう
すごく興味深いです
ウンウン

会議に参加するときもうひとつ重要なものに
クイッ
根回しがあります
根回しですか…
ヒヒヒ
これでひとつ
どうしようかな
こんなイメージが
根回しは非論理的ではないのですか？
とんでもない
根回しには2つの大切な意義があるのです
2つの意義？
1つ目は誤解の回避です
誤解による会議当日の反対を回避できます
2つ目が会議の充実です
コツ 32 P157
普段あまり会うことのない出席者たちの本音を事前に把握しておくことで、会議当日の議論が充実するのです
なるほど
カタ
カタ

あの…
それって？
議事録を書いているのです
カタ
カタ
2時間分の議事録…
20分早く終わったから1時間40分にしても大変だわ
タン
終わりました
早っ!?
早いですね
ええ、会議中に大体出来上がっていましたから
ガチッ
送信します
コツ
33
P158
議事録は当日提出が必須です
時間が経てば経つほど忘れてしまいますからね
パタン…
それに次の行動につながるところだけが明確であればいいのです
予定通り

ジャスト12時です
キラッ
これで会議のコツの講義は終了します
会議が早く終わればこうしてゆっくり弁当も食べられます
では失礼して
コト…
もしかして…
愛妻弁当ですか？
カパ
非論理的な言い方をすればそうです
おお!?
で、では、私はこれで失礼します
本当にありがとうございました
いえ、どうも

マルタニ製菓

明日はいよいよ
プレゼンですね
ええ
お菓子博の
イベントも
骨子が固まったし、
あとはお偉方の
承認を得るだけ
冒険の要素もあるから
納得させるのは
大変かもしれないけど…

先輩なら
大丈夫です
ここまで来れたのも
あなたのおかげよ
いえ
私なんか何も…

でも、谷原部長って保守的だからちょっと心配です
課題と懸念事象は分けて考えましょう
コツ 34
P159
え、どういうことですか？
課題はすでに発生してしまった問題
懸念事象は、これから起こるかもしれない問題
課題は解決に全力を尽くさなければならないけど
課題
確定
懸念
未定
懸念事象にも同じような労力を使っていては時間がいくらあっても足りないわ
2つを混同してはダメ
でも谷原部長から横槍が入ったらどうするんですか？
懸念事象に対処する方法は
『放置する』『逃げる』『転嫁する』『減らす』
の4つ
谷原部長の場合私には説得できる自信がある
だから『放置』しておきましょう
お菓子博開催
明日が楽しみです
でも1つだけ、ずっとわからないことがあるんです
何？

先輩はなぜ私に
こんなに親切にして
くれるんですか？
それはね…
あなたって
どうしようもなく
ドジで要領が悪くて
抜けてて…
うっ…
私の新人時代に
そっくり
だから放って
おけなかったのよ
せ、せんぱい…
じわっ

エピローグ
マルタニ製菓
チッ
チッ
ザワ
ザワ
ザワ
ザワ
先輩、どうしたんだろう…こんな大事な日に遅刻だなんて…
会議は10時からなのに
ピ
はい、先輩!?
今どこですか!?
先輩
ごめんなさい一美さん…
どうしたんですか!?

ガラガラ
ガラ
駅の階段から落ちてしまったの
そんな…大丈夫なんですか!?
あ!
ガッ
危ない!
ええ、
足を骨折しただけ

大丈夫じゃないじゃないですか！
お願い、あなたがプレゼンしてちょうだい
今日がタイムリミットなの
私が…
む、無理です
あなたならできる。絶対に
さあもう電話を切ってください
オペが始まります
もしピンチになったら教科書に立ち返るのよ！
コツ 35 P160
プッ

私がプレゼンをする…！
先輩のために…！
いや…違う
これは自分自身のためなんだ
カッ
今までやってきたことを信じれば必ずできる
マルタニ製菓

ズッ
1つ問題がある
こういった場合はどう対処するのかね
谷原部長…
想定外の質問だ
え、えっとそれはですね
その場合は
その…

答えがないようだな
お菓子博が成功するか失敗するかで新商品の売り上げは大きく左右される
今回は無難な線でまとめるべきではないのかな
そうですな
部長のおっしゃるとおりです
ち…ちょっと待ってくだ…
ガチャ…
失礼します
落ち着いて
リーダーならやれます
ファイト!
みんな…!
ピンチになったら教科書に立ち返るのよ

たとえ自信がなくても自信があるように演技するんだ
必要以上に摩擦を恐れない
自分の価値観を相手に押し付けてはダメだ
ぐっ
自分が主導権を握りたいときは、ホワイトボードのそばに座ります
つか
つか

問題点を図式にするとこうなります
あとは…
!
谷原部長のご懸念はごもっともです
しかし、それには3つの対応策を用意しています

ガヤ
ガヤ
フウ
いいプレゼンだった
だが、これからが本番だ
必ず成功させてくれ
期待してるぞ
がしっ
谷原部長…！

マルタニ製菓
ギッ…
先輩…？
よく頑張ったわね
先輩！
ぶわっ
うわーん

学んだコツのまとめ

コツ 25
▶会議の趣旨を明確にする

コツ 26
▶会議後のアクションはその場で決める

コツ 27
▶会議1/8の法則

コツ 28
▶シナリオを考え時間を区切る

コツ 29
▶ホワイトボードを使う

コツ 30
▶席順に配慮する

コツ 31
▶会議をコントロールする

コツ 32
▶根回しをする

コツ 33
▶議事録は当日出す

コツ 34
▶課題と懸念事象は分けて考える

コツ 35
▶ピンチのときこそ教科書に立ち返る

第４章、エピローグで

会議にも、守らなければいけない
大切な「ルール」があることを、
智樹から学んだ一美。
プレゼンは見事成功を収め、
お菓子博のプロジェクトは
大きく前進しました!
さて。仕事のコツを学んだ、
一美の物語はいったんここでおしまい。
つぎはあなたがコツを実践して、
仕事を自在にこなす人になる番です!

スマートな会議は
会社を活発に、
そして効率的にできる!

コツ

25 会議の趣旨を明確にする

会議が終わった後に、「今の会議、意見の出し合いで終わったよね」「いいんだよ、今回は発散すれば」といった会話を耳にすることがあります。

これはブレスト（Brainstorming）とエバリュエーション（評定Evaluation）の違いを参加者が理解（あるいは共有）していないことに原因があります。

会議には、どんどんアイデアを出す「ブレスト」と、出てきたアイデアを元に整理し最終決定まで持っていく「エバリュエーション」の二段階が存在しており、趣旨の共有なくして、会議を行うことはできません！　会議が終わった後に、「今の会議、意見の出し合いで終わったよね」といった会話を聞いたこと、ありませんか？

そうならないよう、智樹のように「前半はブレストを行い、後半はエバリュエーションを行います」など、参加者全員に共通認識を伝えましょう！

P120

コツ

26

会議後のアクションはその場で決める

☞P125

会議は開催することではなく、その後の行動を決めることに意義があります。会議後何をすればいいかわからなかったり、会議に出席したことさえ忘れた頃に対策が話し合われたりすると、かけた時間が意味のないものになってしまいます。

こうしたやりっぱなしを防ぐにも、智樹のように会議後のアクションをその場で確認することが大切です。

アクションはできるだけ具体的に、「担当：○○部Aさん、期限：10月14日正午」というところまで固めるとよいでしょう。最後に全員の了解が取れれば、会議の後、無用な個別確認ははじまりませんし、話し合いの成果は確実にアクションにつながるのです。

コツ

27

会議１／８の法則

会議の運営を見直す時に参考になる考え方に会議１／８の法則というものがあります。

これは会議の構成要素を「所要時間」「参加者数」「開催頻度」に分解し、それぞれを半分にすると、１／２×１／２×１／２で、組織が投入する総時間は１／８になるということです。

智樹の作った表を見てください。

この時間を別の仕事にあてられれば、組織にとって大きな価値を生むと思いませんか？

たいていの場合、１／８になっても組織運営には支障をきたしませんし、かつ、あなたがそうした会議を仕切ることで、その手腕は大きな話題となるでしょう！

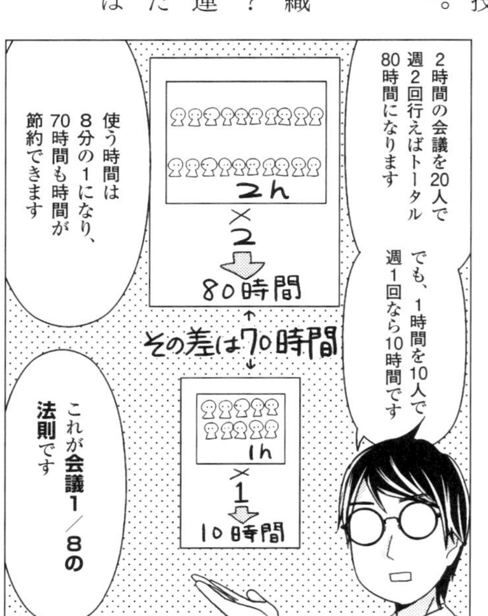

☞P126

コツ
28
シナリオを考え時間を区切る

☞P127

会議で目的を達成するには、事前にある程度、当日の進行計画や、時間の割り振りを決める必要があります。まず「重要度」の観点、次に、「緊急度」の観点から順番を決めていきます。内容の重要度ではなく、早めに決めなくてはならない話題を先に行うと、議論が盛り上がりすぎて時間切れになり、期限の迫っている緊急の議題の検討ができないといったリスクを回避できます。

また、会議は短ければ短いほどいいとされています。会議時間には「その他：10分」など、猶予の時間も設けてください。予定通り進行し、10分を残して終了したら、あえて時間枠ギリギリまで使うことなく、会議を終了させてください。

コツ

29

ホワイトボードを使う

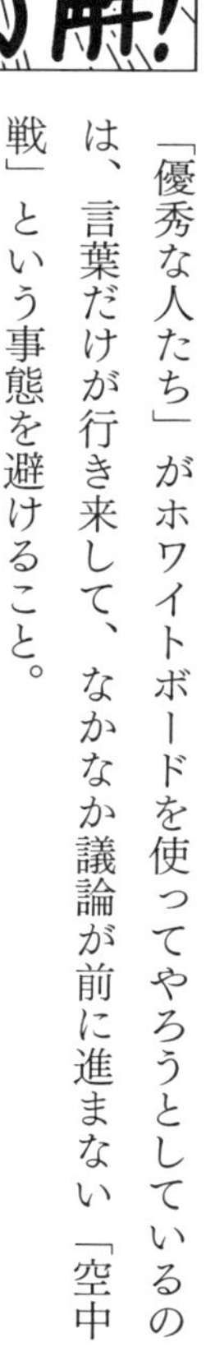

「優秀な人たち」がホワイトボードを使ってやろうとしているのは、言葉だけが行き来して、なかなか議論が前に進まない「空中戦」という事態を避けること。

言葉だけで意見を交わしていると、間違った理解をしているのに合意したかのような雰囲気で終わってしまったり、意思疎通が十分でないため相手の提案の確認に時間を費やすなどの、時間・労力のムダが発生します。

会議では参加者全員が同じボードにかかれている文字を見て確認することで、空中戦が続くのを避けられます。次回の会議でぜひトライしてください!

☞P128

コツ

30

席順に配慮する

会議室に入ったら、第一に「自分の目的を最も達成しやすい席」を選ぶのです。

このときは、日本古来のいわゆる「上座・下座」の概念をあまり考えないようにしてください。この考え方は日本人以外、まったく気に留めていませんし、応接室での挨拶や宴席での接待とは違って、会議室での会議は実用優先であるべきです。

ホワイトボードでの陣取り、深くコミュニケーションができる反面、反論を受けやすい「対決位置」、親近感が湧きやすい「交流位置」など、会議室の位置判断ができると、並みいる参加メンバーの中で、先手を打つことができるでしょう。

P130

コツ

31

会議をコントロールする

会議には話し手と聞き手が必ず存在します。話し手が会議をコントロールすることは容易に想像できますが、聞き手側でも「フィードバック」でコントロールができます。

「フィードバック」という技術をご存知でしょうか。簡単に言うと、聞き手側の反応、すなわち頷きや相づちのことです。これは特に相手から話を引き出す場合や、説明を受けるための会議などで有効です。

人は聞いてくれる人に対して話をしたいものです。相手に対して自分が、「ちゃんと聞いている」ことをアピールし、フィードバックを行うことで、会議の中心人物の注意をひきつけ、場の「空気」を支配しましょう！

☞P131

コツ
32 根回しをする

一般にネガティブなイメージの「根回し」も、会議を成功させるための立派な事前準備です。根回しとは、実はもともと造園用語であり、特段ネガティブなものではありません。

根回しをすると、自分の意図を事前に参加者に伝えることができるため、誤解にもとづく当日の反対を回避できます。また、会議の場では聞き出しにくい各自の本音を事前に把握しておくことで、議論の充実を図る効果も期待できるのです。

数名規模で開催される会議でも、事前に根回しする（参加者と立ち話をするだけでも結構です）ことで会議レベルは格段に上がります。

☞P132

コツ 33

議事録は当日出す

議事録作成のポイントは会議開催当日に必ず出すこと！

新人に議事録を作成させ、上司がチェックをかけ、何度もやり直しをさせた上で関係部署に確認してから翌回の会議の直前に共有する……という組織も未だに多いかもしれませんが、こうしてしまうと次回まで、会議はやりっぱなしにされてしまいます。

会議においては、議事録のできは問題でなく、次の行動にいかにつなげるかが重要です。議事録作成の担当者になったら、すぐに着手して提出できると、時間と労力が省けますし、「お、やるな」と一目置かれることになるでしょう。

☞P133

コツ
34
課題と懸念事象は分けて考える

問題解決のコツは、すでに発生してしまっている「課題」と、まだ現時点では起こるかもしれない「懸念事象」を分けて管理することです。

課題とは、すでに起きてしまっている問題のこと。対処方法は一つ。解決に全力を尽くすだけです。分析してそこに集中するのです。そして懸念事象は、未だ起きていない問題のため、事象を分析した上で、「放置する」「逃げる」「転嫁する」「減らす」ことで対処します。

一番やってはいけないのが「課題」と「懸念事象」を混同し、すべての問題に対して同じように労力をかけて解決しようとすることです。放置していいものを解決する時間があるくらいなら、他のことに使うべきです。

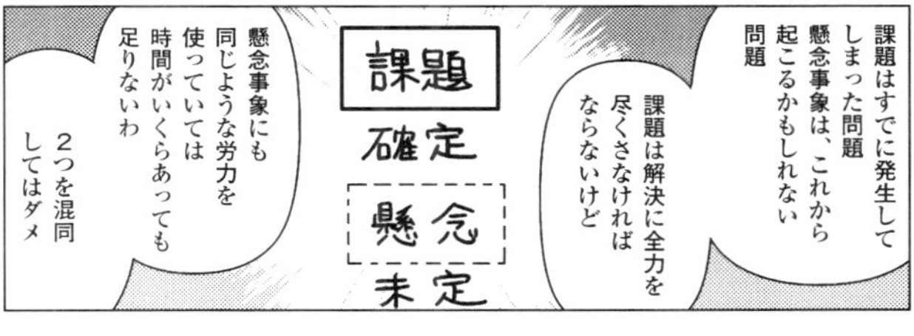

P136

コツ

35 ピンチのときこそ教科書に立ち返る

P140

「教科書に書いてある」「教科書的」という表現は、誰でもわかっていることや、実戦では使えないことといった、どちらかというとネガティブな意味がこめられているものです。

しかし、世の中を見渡してみると、結果を出している組織や人というのは、この「教科書」に書いてある基本に忠実です。トップリーダーや成功者と思える人に何か特別なことをやっていたり、天才的な能力があったりするのかと思って話を聞くと、むしろ拍子抜けするくらい基本を突き詰めています。

当たり前のことを当たり前に実行することは簡単ではありません。

だからこそ、成功者は口をそろえて基本の重要さを説くのでしょう。

また、達成したい目標が難しければ難しいほど、基本に忠実になるべきです。

新しい仕事にチャレンジするとか、大きなチームや長期にわたるプロジェクトで仕事をする場合などは、いわゆる「難しい仕事」の典型!

「新しい仕事をやるなら、今までにないやり方や発想が必要なのではないか」とか、「ウチの会社は事情が特殊だ。一般論は通用しない」という意見もあるかと思います。

これもひとつの真実ですが、応用は基本があってこそ効果が出るものなのです。

仕事において、一美のようなピンチを迎えることはそう珍しいことではありません。しかし、このような時にこそ、自分がいままでに学んだことを、今一度教科書に立ち返って実践することが求められます。

頭ではわかっていても、本編の一美が見せたプレゼンのように、落ち着いて対処をすることができる人は意外と少ないのです。

おわりに

『99%の人がしていない たった1%の仕事のコツ』が初めて世に出たのが2012年の3月でした。

5年以上の月日が流れ、その間、多くの人々に受け入れて頂き、続編でもある『リーダーのコツ』も合わせると、115万部を超える累積出版数となりました。

2017年になると、政府主導の「働き方改革」のとりくみも追い風になり、権威ある経営誌もホワイトカラーの「生産性」をテーマにするようにまでなりました。

私が初版当時訴えたかったことが、より世の中に受け入れて頂きやすい時代になりつつあるのを感じています。

私自身は、「ホワイトカラーの生産性の向上に貢献する」ということをキャリアのテーマとしてかかげ、発信活動や教育活動、所属会社を通じた営業活動を行っています。

その意味でも、できるだけ多くの「働く人たち」に、この「99%シリーズ」を手に取っていただくことがこの国の「生産性」が向上する近道だと考えています。

ですから、このたび、この「99%の人がしていない たった1%の仕事のコツ」にコミック化のお話があったときは、迷うことなく飛びつきました。読者の層をより広げられると思ったからです。
以来、何度かの企画会議を経て、このたびコミック化にこぎ着けました。
私が漠然と抱いていた「日本中の職場はこうあってほしい」「若い人たちはこんな風に成長してほしい」というイメージを、シナリオライターの北田瀧さんと、まんが家の松浦まどかさんが活き活きと描き出してくれました。
これまでは、シンプルな活字の世界だけでの発信だったのですが、主人公の白石一美と、彼女を支援するメンター役の山本理恵やその周りの個性あるキャラクターたちが、原作者である私の手からはなれ、新しい世界を作って自らメッセージを発しているのを喜びとともに実感しています。
コミック版になることで、いままで活字だけだと少しハードルが高いと感じていたみなさんや、仕事に子育てに奔走して書籍を開く時間のなかったみなさん、つまりもともと私がアプローチしたくてもできなかった多くのみなさんにも近づけたのではないかと思います。
この本は、版元のディスカヴァー・トゥエンティワンにとっても初めてのビジネスコミックです。
このようなチャレンジの機会を私たちチームにくださいました干場弓子社長にはこの場で御礼申し上げます。
そして、チームの皆さんへ。シナリオ担当の北田瀧さん、まんが担当の松浦まどかさん、改めまして感謝です。リモートワーク中心でしたが良いチームワークでしたよね。そして編集担当の塔下太朗さん、トレンド・プロさん。初物づくしの企画でしたが編集力（作画力⁉）に加えチームを引っ張るリーダーシップにも感謝です。

また最後に、この本を読者のもとに届けてくださった書店員のみなさん、そしてその先の読者のみなさんへ。

働き方を変えることで恩恵に預かるのは、実はみなさんご自身です。この本が伝えようとしているエッセンスに何かしらの気付きを得ていただき、みなさんの働き方が変わり、そして最終的には全ての「働く人たち」の仕事生活や私生活が、より充実したものになることを心から願っています。

２０１７年7月吉日

河野英太郎

まんがでわかる
99% の人がしていない　たった1%の仕事のコツ

発行日　2017年　8月　15日　第1刷
　　　　2018年　4月　23日　第5刷

Author　河野英太郎

Drawing　松浦まどか

Scenario　北田　瀧

Book Designer　小口翔平＋三森健太＋山之口正和（tobufune）

Publication　株式会社ディスカヴァー・トゥエンティワン
〒102-0093　東京都千代田区平河町 2-16-1 平河町森タワー 11F
TEL　03-3237-8321（代表）　FAX　03-3237-8323
http://www.d21.co.jp

Publisher　干場弓子
Editor　塔下太朗＋トレンド・プロ　TREND-PRO

Marketing Group
Staff　小田孝文　井筒浩　飯田智樹　佐藤昌幸　谷口奈緒美
古矢薫　蛯原昇　安永智洋　鍋田匠伴　榊原僚
佐竹祐哉　廣内悠理　梅本翔太　田中姫菜　橋本莉奈
川島理　庄司知世　谷中卓　小田木もも

Productive Group
Staff　藤田浩芳　千葉正幸　原典宏　林秀樹　三谷祐一　大山聡子
大竹朝子　堀部直人　林拓馬　松石悠　木下智尋　渡辺基志

E-Business Group
Staff　松原史与志　中澤泰宏　中村郁子　伊東佑真　牧野類

Global & Public Relations Group
Staff　郭迪　田中亜紀　杉田彰子　倉田華　鄧佩妍　李瑋玲

Operations & Accounting Group
Staff　山中麻吏　吉澤道子　小関勝則　西川なつか　奥田千晶　池田望
福永友紀

Assistant Staff　俵敬子　町田加奈子　丸山香織　小林里美　井澤徳子　藤井多穂子
藤井かおり　葛目美枝子　伊藤香　常徳すみ　鈴木洋子　内山典子
石橋佐知子　伊藤由美　押切芽生　小川弘代

Proofreader　株式会社鷗来堂
DTP　アーティザンカンパニー株式会社
Printing　シナノ印刷株式会社

ISBN978-4-7993-2158-4